PIERROT SUPPOT DU DIABLE

Pantomime en cinq changements, mêlée de danses.

PREMIER TABLEAU.

Pierrot s'envole par la fenêtre.

PROLOGUE

Le théâtre représente la chambre à coucher de Pierrot.

SCÈNE I.

Pierrot est couché et ronfle comme un sonneur. Il paraît en proie à des songes bizarres.

SCÈNE II.

A son réveil, Pierrot, qui étend les bras et les jambes avec furie, donne force soufflets et coups de pieds à Léandre, qui ne peut parvenir à se faire apercevoir.

Quand Pierrot est bien éveillé, Léandre lui propose de servir son amour auprès de Colombine, fille de Cassandre. Pierrot se fâche et dit à Léandre que son honneur l'empêche d'accepter un rôle pareil.

Léandre lui montre une bourse. Pierrot veut le battre ; mais peu à peu il s'humanise en voyant l'argent. Enfin, il s'attendrit tout-à-fait quand Léandre lui met la bourse dans la main et consent à recevoir une lettre pour Colombine.

Léandre est au comble de la joie; il embrasse son nouvel ami avec effusion. Pierrot vole le mouchoir de Léandre et s'essuie les yeux, car il pleure de voir un amoureux si tendre.

Léandre veut reprendre son mouchoir, mais Pierrot lui présente sa lettre. Léandre se décide à laisser le foulard à Pierrot, et sort plein d'espérance.

SCÈNE III.

Au moment où Léandre sort d'un côté, Arlequin entre de l'autre. Il vient proposer à Pierrot de servir son amour pour Colombine. Pierrot dit à part : « Tiens, cela va être drôle, je vais recevoir des deux mains. » Cependant il dit à Arlequin comme il a dit à Léandre : « Mon honneur s'oppose à ce que j'accepte une commission semblable. » Pour vaincre les scrupules de Pierrot, Arlequin lui offre de l'argent. Pierrot tend la main, qu'Arlequin lui serre cordialement. Pierrot regarde dans sa main, et n'y trouvant rien, exprime le plus profond mépris pour Arlequin. Il veut le mettre à la porte.

Ici, passes et contrepasses; Pierrot reçoit cent coups de batte; il poursuit Arlequin qui se sauve dans la chambre voisine et ferme la porte. Pierrot essaie de l'ouvrir, mais il s'aperçoit qu'elle est fermée et frappe à tour de bras. Il se décide enfin à enfoncer la porte, et va exécuter son projet quand Cassandre entre.

SCÈNE IV.

Cassandre s'attache aux habits de Pierrot qui veut s'élancer contre la porte. Colombine, tout ef-

frayée, arrive au bruit. Arlequin est avec elle et l'embrasse.

Pierrot et Cassandre aperçoivent Arlequin, et veulent séparer les deux amans; mais Arlequin prend Colombine dans ses bras et saute par la fenêtre.

Pierrot veut le suivre, mais il s'aperçoit que c'est bien haut. Enfin, il se décide. Cassandre veut l'arrêter et le prend à bras le corps; Pierrot veut s'en défendre et lui donne force coups de pied. Cassandre supplie Pierrot de ne pas commettre d'imprudence; Pierrot ne veut rien entendre, et embrassant Cassandre, il s'élance avec lui.

DEUXIÈME TABLEAU.

Les morts ressuscitent.

Le théâtre représente une rue.

SCÈNE I.

Pierrot et Cassandre sont couchés par terre, morts. Arrive la fée Argentine. Elle est vêtue de toile d'argent et de soie rose; ses cheveux sont ornés de diamans et de roses du Bengale. Elle touche Cassandre de sa baguette d'argent. Cassandre se soulève; il se frotte les yeux et semble dire : *Où suis-je?* Enfin, il aperçoit la Fée et la salue avec mille démonstrations de respect et d'étonnement. La fée lui dit :

Cassandre, lève-toi! Mais si tu le renies,
Prends bien garde à l'arrêt dicté par les génies.
Arlequin deviendra ton gendre un beau matin,
Quand il aura suivi les ordres du Destin.

Cassandre remercie la fée Argentine, mais il se dit à part : « Si tu crois que je donnerai ma fille à Arlequin, tu es joliment dedans ! » A ce moment, Cassandre aperçoit Pierrot et fait mine de vouloir lui donner des secours pour le rappeler à la vie. Mais la fée lui dit :

Laisse Pierrot ! La Mort a bien fait sa besogne;
Il était paresseux, gourmand, voleur, ivrogne,
Et ne mordait à rien tant qu'au fruit défendu.
S'il ne s'y fût cassé les reins, on l'eût pendu !
Ne t'inquiète plus de ce rustre incommode,
Je te donne à la place un laquais à la mode.

La fée Argentine, en sortant, présente à Cassandre, comme nouveau valet, Arlequin déguisé, qui accompagne Colombine et semble la ramener à son père.

SCÈNE II.

Cassandre embrasse sa fille et lui pardonne avec une dignité comique. Il emmène Colombine et fait signe à Arlequin de le suivre. Colombine et Arlequin s'envoient des baisers.

Cassandre sort, emmenant Colombine et se croyant suivi d'Arlequin, qui reste en scène.

SCÈNE III.

Arlequin voit Pierrot mort, et s'avance vers lui avec de grandes démonstrations de joie. La fée Argentine rentre, fait signe à Arlequin d'être prudent, et lui dit en lui remettant une batte :

Arlequin, ne vas pas, comme un simple acrobate
Perdre ce talisman ! veille bien sur ta batte,
Car si tu l'égarais, contre un si grand danger,
Je ne te pourrais plus moi-même protéger.

La fée Argentine sort.

Arlequin marche sur Pierrot et l'assomme à coups de batte. Il veut l'ensevelir, et voit pendu à une boutique un sac qui lui paraît propre à cet usage.

Pendant qu'Arlequin va descendre le sac, le Diable sort par une trappe, touche Pierrot de son trident, et disparaît parmi les flammes. Pierrot se relève. Arlequin revient traînant le sac, reçoit un coup de pied, se retourne et voit Pierrot debout. Il a peur et se sauve.

SCÈNE IV.

Le Diable reparaît et met la main sur l'épaule de Pierrot. Il lui dit d'un ton farouche :

> Suis-moi dans les enfers. Viens que je me régale !

Pierrot demande pardon au Diable et fait des prières avec une humilité grotesque. Le Diable ne se laisse pas attendrir et lui dit :

> Non, je n'écoute rien. En route, face pâle !

Pierrot se fâche et veut tirer la savate contre le Diable, mais il est terrassé. Pierrot alors fait tant de grimaces que le Diable se met à rire et retire son pied de dessus Pierrot. Celui-ci se relève et veut s'échapper, mais il est repris.

Pierrot supplie alors le Diable qui finit par se laisser toucher et dit :

> Eh bien ! à mes désirs il te faut condescendre,
> Ami Pierrot ! il faut que tu serves Léandre
> Et dérobes pour lui la batte d'Arlequin,
> Sans quoi je te ferai rôtir comme un coquin.

Le Diable sort.

SCÈNE V.

Léandre désespéré a rencontré Cassandre, qui ne veut plus le voir. Cassandre, effrayé par l'oracle des génies, veut donner sa fille à celui qu'elle aime. Léandre est étonné que ce ne soit pas lui, qui est jeune, beau et riche.

Pierrot dit à Léandre : *Suivez-moi, je vais tout arranger.*

TROISIÈME TABLEAU.

La foire Saint-Laurent.

Le théâtre est partagé en trois parties. A droite, un cabaret; à gauche, une tente qui sert de corps de garde aux soldats des gardes françaises ; au milieu, la foire.

SCÈNE I.

Pierrot et Léandre arrivent, celui-là admire tout, il lutine les marchandes, leur prend le menton, et se donne toutes les allures des gens du bel air. Celui-ci, au contraire, est très pressé; il veut absolument entraîner Pierrot qui résiste, et entreprend une conversation avec une bouquetière dont il marchande tout l'étalage. Enfin, il aperçoit un pot au feu qui bout; il veut y goûter, mais la fille l'en empêche. Alors, voyant une seringue dans la boutique, il la prend et l'examine. Léandre fait de vains efforts pour l'entraîner. Il demande le prix de l'objet. La marchande lui dit : deux livres. Il s'approche de Léandre et lui dit qu'il le suivra à l'instant même, si celui-ci veut lui payer cet instrument. Léandre, pour s'en débarrasser, donne un

écu de six livres. Pendant que la femme cherche de la monnaie, Pierrot s'approche du pot et aspire tout le bouillon avec la seringue, la cache et s'apprête à partir, mais non sans avoir mis un bol sous sa camisole. Puis, dans une autre boutique, il enlève un pain et vient tranquillement se tailler une soupe sur le devant de la scène. Léandre veut toujours l'emmener. Il lui répond qu'il est trop fatigué et commence à manger.

SCÈNE II.

Peu à peu la scène s'emplit : Arlequin et Colombine arrivent en courant et se mêlent à la danse. Léandre et Pierrot les ont reconnus, et veulent s'emparer de Colombine. Mais Arlequin leur députe à chacun une femme, qui viennent les inviter à danser. Léandre n'est point surpris; il dit que ce n'est pas étonnant qu'une femme s'amourache d'un homme tourné comme il l'est. Quant à Pierrot, il fait toutes les simagrées d'une demoiselle timide, et commence un pas de menuet. Mais peu à peu il s'enhardit et veut prendre la taille de la grisette et lui faire des propositions : elle se sauve. Pierrot la poursuit. Léandre, qui vient pour la retenir, reçoit un coup de batte sur la figure; il répond par un tour de bras, attrape Cassandre qui vient d'entrer, et l'étend au milieu du théâtre. Au même instant, Pierrot, qui a reçu aussi son atout, se retourne, et ne voyant que Léandre, il lui détache un coup de pied qui l'étend sur son futur beau-père.

La fête a cessé, tout le monde s'est sauvé. Pierrot va relever Cassandre et Léandre.

SCÈNE III.

Les trois amis sont enchantés de se retrouver; ils se donnent des poignées de mains et se font des complimens à n'en plus finir. Enfin ils se prennent le bras et tiennent conseil.

Arlequin paraît et donne un coup à Pierrot. Pierrot croit que c'est Léandre qui l'a frappé, et le regarde en disant : « *Attends, attends, tu vas avoir ton affaire tout à l'heure.* » Arlequin donne un coup à Cassandre qui regarde Pierrot et Léandre en disant : « *Nous nous occupons d'affaires sérieuses; voyons, pas de charge.* » Pierrot trouve que Cassandre a raison, et fait des remontrances à Léandre. Mais regardant entre ses jambes, il aperçoit Arlequin, lui lance un vigoureux soufflet, mais ce soufflet n'attrape que Léandre; Cassandre, Pierrot et Léandre fendent la foule et viennent se saisir de Colombine. Le peuple est indigné : bruit. Cassandre fait les plus vifs reproches à sa fille. *Est-ce ainsi*, lui dit-il, *que tu devais tourner, après les dépenses que j'ai faites pour ton éducation?* Pierrot se joint à Cassandre; Cassandre répond qu'elle a faim. La garde arrive, veut saisir Pierrot qui proteste de son innocence et dit : *Je suis le valet de monsieur*, en montrant Cassandre qui entre dans le cabaret avec sa fille. Arlequin fait empoigner Léandre comme perturbateur.

SCÈNE IV.

Cassandre et Colombine se mettent à table; Pierrot les sert; mais aussitôt qu'il a versé un verre

de vin à Cassandre, ou qu'il lui a servi un plat, il le lui vole et l'avale. Cassandre va se mettre en colère.

SCÈNE V.

Arlequin arrive, déguisé en soldat; il prend la main de Colombine, et la lui embrasse galamment. Cassandre vient s'asseoir entre eux. Arlequin prend une chaise et s'assied aussi. La table étant ronde et très petite, il se trouve encore à côté de Colombine et la lutine. Cassandre change encore de place pour les séparer, et semble fort étonné qu'ils soient toujours à côté l'un de l'autre. Cependant Cassandre n'ose se fâcher, car Arlequin a toujours la main sur sa batte qui lui sert d'épée, et affecte avec Cassandre des airs de soudard forcené. Quand Cassandre ne le voit pas, il change subitement d'attitude et adresse à Colombine ses plus doux sourires. Pierrot profite de la préoccupation de Cassandre pour vider les bouteilles et emplir ses poches de toutes les friandises étalées sur la table. Peu à peu il grossit à vue d'œil et devient énorme.

SCÈNE VI

En ce moment, entre Léandre furieux; il brandit une épée et veut tout tuer; il aperçoit Arlequin, le reconnait et arrive sur lui l'arme levée. Arlequin s'empare de Pierrot comme d'un bouclier; celui-ci a peur, crie et veut se dégager. Cassandre se jette devant Léandre pour le retenir. Colombine s'approche d'Arlequin, qui pousse Pierrot sur l'épée de Léandre qui lui perce le ventre. Arlequin, prenant la main de Colombine, s'enfuit avec elle. Les

deux poursuivans prodiguent des soins à l'infortuné Pierrot, du ventre duquel sort tout le vin qu'il vient de boire. Puis, ils prennent des gourdins pour assommer Arlequin, qui reparaît et leur distribue des coups de batte, à Cassandre du côté de Léandre, et à Léandre du côté de Pierrot. Trompés par ce jeu, ils se passent des soufflets, et se reprochent réciproquement d'avoir commencé. Mais Arlequin s'approche de la porte, distribue de nouveaux coups de batte. Les poursuivans se retournent, voient Arlequin et veulent le suivre, mais il leur ferme la porte au nez. Léandre à son bel habit pris dans la porte. Cassandre et Pierrot veulent l'arracher, quand Arlequin paraît par une lucarne, et fait pleuvoir de nouveau une grêle de coups.

Pierrot et Cassandre montent sur le dos de Léandre pour atteindre Arlequin, mais ils se pressent tant que leurs deux têtes entrent à la fois dans la lucarne. Ils veulent les tirer, gigottent et meurtrissent Léandre qui tire de toutes ses forces pour se dégager. Alors la porte s'ouvre, et Léandre tombe à plat ventre au milieu de la chambre. Arlequin se sauve en emmenant Colombine, mais non sans avoir donné force horions aux trois amis. Pendant que Léandre dégage Cassandre et Pierrot, Arlequin et Colombine entrent dans la tente des gardes françaises.

SCÈNE VII.

Arlequin et Colombine en arrivant chez les raccoleurs, leur expliquent qu'ils sont poursuivis par un jaloux et par un père barbare, et leur demandent l'hospitalité. Les soldats y consentent avec joie et les déguisent séance tenante. Arlequin est

déguisé en officier de garde française, et Colombine en tambour, au milieu d'un groupe de soldats qui la cachent.

SCÈNE VIII.

Arrivent Pierrot, Cassandre et Léandre. Ils demandent aux soldats s'ils n'ont pas vu Arlequin et Colombine : ceux-ci répondent négativement et se moquent des poursuivans. En même temps, les soldats les entourent pour les empêcher de voir Arlequin et Colombine, qui achèvent leur déguisement. Puis, voyant Pierrot, Léandre et Cassandre accablés de chaleur, les soldats les invitent à boire avec eux. Les poursuivans acceptent, et Colombine, déguisée en tambour, vient les servir. On boit et on trinque; la scène présente le spectacle animé d'une orgie de soldats. Enfin, quelqu'un demande une chanson. Pierrot dit qu'il a l'*ut* de poitrine, et montrant la cime des arbres, dit que sa voix monte encore plus haut que cela. On l'invite à chanter, et l'orchestre joue une ritournelle. Pierrot fait des gestes de ténor, ouvre la bouche, mais il n'en sort aucun son. — *C'est un accident, quelque chose que j'avais dans la gorge, mais cette fois vous allez voir.* L'orchestre joue de nouveau la ritournelle, et Pierrot arrive au même résultat que la première fois. Les soldats indignés font passer Pierrot de main en main et le mettent derrière tout le monde. Puis il disent à l'un d'entre eux de chanter une chanson, et chantent le refrain en chœur. Un garde chante :

CHANSON A BOIRE.

PREMIER COUPLET.

Margot s'engage en troubadour
Dans les gardes françaises!
Ils seront tous bien aises
D'avoir pour leur tambour
L'amour!

Refrain.

Que chacun pille
Jusqu'au matin
La belle fille
Et le bon vin!
Le vin m'inspire un gai refrain
Et Margoton me met en train!
Ce vin
Divin
M'inspire un gai refrain :
La belle est peu sévère,
A sa santé si chère
Que chaque amant
Vide gaiement
Son verre!

DEUXIÈME COUPLET.

Son fourniment, par la sambleu,
Brille sur sa poitrine!
Mieux qu'une couleuvrine
On dit que son œil bleu
Fait feu!

Refrain.

Que chacun pille
Jusqu'au matin, etc.

TROISIÈME COUPLET.

Les ennemis disent, moqueurs :
« Tu n'as pas de moustache ! »
Mais elle les attache
A ses accroche-cœurs
Vainqueurs !

Refrain.

Que chacun pille
Jusqu'au matin, etc.

QUATRIÈME COUPLET.

Ils lui donneront pour rançon
Les myrthes de la guerre,
Et Vénus à Cythère
Va la prendre pour son
Garçon !

Refrain.

Que chacun pille
Jusqu'au matin
La belle fille
Et le bon vin !
Le vin m'inspire un gai refrain
Et Margoton me met en train !
Ce vin
Divin
M'inspire un gai refrain :
La belle est peu sévère,
A sa santé si chère
Que chaque amant
Vide gaiement
Son verre !

Pendant la chanson, Cassandre, Léandre et Pierrot se sont grisés. Comme ils ont l'air de s'amuser

beaucoup, Arlequin leur propose de se faire sol dats, et veut les faire signer.

Les bateleurs leur proposent de s'engager eux. Comme ils ont l'air de beaucoup s'amuser des tours des bateleurs, que Pierrot tache maladroitement d'imiter, le chef de la troupe leur demande s'ils veulent s'engager parmi ses saltimbanques. Ils ne demandent pas mieux.

SCÈNE IX.

Au moment où ils vont prendre la plume, Pierrot lit sur le papier, écrit en grosses lettres : *Contrat de mariage*. Il le montre aux poursuivans; ils sont indignés de la supercherie, et font des reproches au saltimbanque. Ils vont pour s'emparer de Colombine. Entre une marchande de gaufres et de crêpes. Ils s'approchent d'Arlequin, chacun d'un côté, et veulent le saisir; mais celui-ci a pris deux crêpes, et les leur colle sur la figure en guise de masque. Pendant qu'ils tâchent de se dépêtrer, Arlequin prend Colombine dans ses bras; et, tout ravi de la posséder à la barbe de son père et de son amant, se met à se tordre de rire avec les soldats; Pierrot s'approche de lui et lui enlève la rose sans qu'il s'en aperçoive. Dès ce moment, Colombine semble ne plus reconnaître Arlequin. Elle le fuit et prodigue ses caresses à Pierrot. Arlequin, furieux, veut reprendre Colombine à Pierrot. Pierrot, ivre de joie, se livre à mille extravagances et vole les bourses de ses amis. Puis, agitant sa batte, il chasse Arlequin. Arlequin est consterné, Léandre se frotte les mains. Cassandre, qui a toujours son masque, voit Léandre avec le sien et rit comme un bossu.

Léandre rit de Cassandre, Cassandre de Léandre, et Pierrot de tous deux. Enfin Cassandre et Léandre se regardent dans une glace et se sauvent comme si le diable les emportait. Pierrot sort en brandissant sa batte avec des airs de capitan, tandis que l'orchestre joue une fanfare de victoire.

QUATRIÈME TABLEAU.

Le théâtre représente le cabinet du docteur.

SCÈNE I.

Arlequin, déguisé en docteur, rit de sa métamorphose avec force lazzis. Il range tout l'attirail pharmaceutique du cabinet, et fait mille grimaces en respirant les flacons. Cependant il prend un air grave en voyant arriver quelqu'un.

SCÈNE II.

Entre Colombine. Elle vient demander à Arlequin un philtre qui la fasse aimer de Pierrot. Arlequin refuse, veut recommencer à la lutiner, mais elle prend un air sérieux qui le déconcerte. Il prie, veut se faire reconnaître, mais c'est en vain. Chaque fois qu'il peut l'approcher, elle se retire et se dirige vers la porte. Il est désespéré; enfin il lui saisit la main pour l'embrasser. Colombine se défend, retire sa main et lui donne un soufflet. A ce moment, Pierrot paraît sur la porte et rit du peu de succès d'Arlequin. Celui-ci, furieux, veut l'embrasser de force. Poursuite. Il la saisit au milieu du théâtre, et au moment où il va l'embrasser, Pierrot entre.

SCÈNE III.

Pierrot étend sa batte au-dessus de la tête d'Arlequin, qui est entraîné par une force magique, et s'éloigne de Colombine, quoique faisant de vains efforts pour s'en approcher. Quand Pierrot baisse sa batte, Arlequin se précipite du côté de Colombine ; mais il rencontre en son chemin le pied et la batte de Pierrot, qui le corrigent. Colombine vient, craintive, se réfugier sur le sein de Pierrot, qui lui dit : « *Que venez-vous faire ici, mademoiselle, ce n'est pas votre place ; sortez à l'instant même.* » Colombine emploie ses plus gracieuses carresses pour attendrir Pierrot; mais celui-ci se laisse faire comme un homme certain d'être aimé. Arlequin, qui plusieurs fois a voulu la défendre et a reçu des horions, reste atterré dans un coin, osant à peine bouger. Pierrot lui dit de donner à Colombine ce qu'elle désire. Il cherche dans ses fioles. « *Allons, ho ! plus vite que cela,* » dit Pierrot, en houspillant Arlequin d'un coup de batte. Celui-ci donne un flaçon à Colombine, qui sort en faisant de jolies mines à Pierrot, qui lui envoie un baiser. Quand elle est près de la porte, il la rappelle ; elle s'empresse de revenir, et il se fait embrasser. Colombine toute joyeuse s'enfuit.

SCÈNE IV.

Pierrot se fait porter un siége au milieu du théâtre, puis il dit à Arlequin de lui donner quelque chose de bon à boire. Au moment où Arlequin va s'occuper de lui chercher une boisson, Pierrot

l'appelle pour lui dire de fermer une fenêtre qui le gêne. Arlequin obéit. Pierrot laisse tomber son mouchoir et le fait ramasser par Arlequin, qui rage de son impuissance. Enfin il croit pouvoir se venger en portant un breuvage amer à Pierrot; mais au moment où il lui présente la coupe, elle tombe de ses mains sur Pierrot, qui se relève furieux et lui applique un soufflet.

SCÈNE V.

Cassandre et Léandre entrent. Cassandre explique à Arlequin, qu'il doit marier sa fille avec Léandre, mais que c'est une chose impossible de donner à une jeune fille un masque aussi laid. Ils se regardent et ne peuvent s'empêcher de rire aux éclats. Arlequin dit que lui aussi il est amoureux de Colombine et qu'il ne veut pas opérer Léandre. Pierrot vient lui dire de guérir Cassandre à l'instant même. Quant à Léandre, il ne s'en inquiète pas. Arlequin consent à opérer Cassandre. Léandre prie Arlequin de lui arracher son masque. Celui-ci dit qu'il obéit à Pierrot. Léandre se jette aux pieds de Pierrot. Celui-ci dit : *Au fait, laissons-le marier, qu'est-ce que cela me fait? sa femme m'aime.*. Il se frotte les mains, et ordonne à Arlequin de commencer. Ici commencent les apprêts de l'inhalation de l'éther. Peu à peu, les patiens rient tant, ils ont l'air d'être si heureux, que Pierrot veut en goûter aussi.

SCÈNE VI.

Colombine entre au moment où les trois poursuivans se livrent à toutes les folies de l'ivresse.

Passes, contre-passes, lazzis, danses. Colombine court de l'un à l'autre, ce qui fait une espèce de ballet. Pierrot est plus heureux que les autres; il saute, rit, court, gambade. Arlequin veut s'emparer de Colombine, mais elle se met sous la protection de Pierrot, qui danse avec elle une polka comique. Au moment où il semble le plus animé par le plaisir, Arlequin lui enlève sa batte; à l'instant même, Pierrot est pris de violentes coliques; il avait cru s'élever dans les airs, il retombe lourdement sur la terre. Il fait autant de contorsions qu'il a fait de gambades. Les trois poursuivans s'éveillent, et voient Colombine dans les bras d'Arlequin. Ils veulent les séparer; celui-ci étend sa batte, ils demeurent pétrifiés.

Le théâtre change.

CINQUIÈME TABLEAU.

Grand combat au sabre et à l'hache!!!

Le théâtre représente un frais paysage de saules et de peupliers baignés par une rivière d'azur sur les bords de laquelle fleurissent, parmi les roseaux, des lys jaunes et blancs et des myosotis. Le soleil se lève. Tout le paysage est empreint d'une grande sérénité.

SCÈNE I.

Arlequin et Colombine entrent enlacés avec des costumes pailletés semblables à ceux qu'ils portaient dans le courant de la pièce, mais beaucoup plus élégans. Ils dansent un pas de deux qui exprime la joie de l'amour heureux. Flûte à l'orchestre.

SCÈNE II.

Cassandre, Léandre et Pierrot entrent en scène. Ils aperçoivent les amans et veulent les séparer. Mais la fée Argentine descend du ciel dans une gloire. Elle est vêtue en guerrière avec une cuirasse d'argent et un casque empanaché de plumes roses. Tout son costume est rose et argent. Tous les personnages la contemplent avec admiration et respect. Elle dit :

Un doux hymen s'apprête au palais de l'Aurore,
Vous allez être enfin tous heureux....

Le Diable paraît armé et dit :

Pas encore !

Grand combat au sabre et à l'hache entre le Diable et la Fée. Le Diable est terrassé. La Fée dit :

Que l'arrêt du destin s'accomplisse en ce jour !

(*A Cassandre.*)

Cesse de désunir des cœurs joints par l'amour.
Bon vieillard, le ciel veut qu'Arlequin soit ton gendre.

(*A Arlequin.*)

Tu possèdes ta batte et l'aveu de Cassandre ;
Colombine est à toi ; dans l'île du printemps,
Vous vivrez bien unis pendant plus de cent ans.

La fée va à la coulisse, ramène Angélique par la main et dit à Léandre :

Léandre, sois heureux. Ta cousine Angélique
T'aime depuis longtemps.

Cassandre dit à la fée que dans tout cela il est très honoré, mais qu'il ne voit pas l'ombre d'une dot. La fée lui donne une rose enchantée et dit :

Cette rose magique,
D'où tombent les louis, les ducats, les sequins,
Enrichit à jamais les futurs Arlequins !

Tout le monde remercie Argentine. La fée ajoute :

L'amour va couronner tous ces jeunes amans,
Dans un palais en fleurs bâti de diamans,

Et le ciel, pour sourire à ses apothéoses,
Fait dans le bleu des airs courir des flammes roses!

La toile du fond se lève et laisse voir l'apothéose.

Dans un palais splendide, l'Amour, debout au centre d'un soleil radieux, bénit les deux couples qui viennent s'agenouiller à côté. Cassandre et la Fée sont aux deux côtés du tableau. Au moment où Pierrot va monter aussi les escaliers du palais, le Diable paraît, lui met la main sur l'épaule et lui dit :

Pierrot, tu m'appartiens! Viens embellir ma cour!
Viens!

Pierrot répond :

Plus souvent! je suis élève de Lecour!

Pierrot tire la savate avec le Diable et le terrasse. Le groupe présente l'aspect du groupe de Raphaël : l'archange Michel terrassant le démon.

La Fée :

Satan, dans ce palais ton pouvoir a fléchi.
Loin de ce beau décor peint par Monsieur Derchy,
Va-t-en dans les enfers, séjour épouvantable,
Ecrire, si tu veux, les Mémoires du Diable!

La Fée donne le signal, et toute sa cour se livre aux danses les plus folles et les plus gracieuses.

Feux du Bengale.

Imprimerie de J. FREY, rue Croix-des-Petits-Champs, 33.

www.ingramcontent.com/pod-product-compliance
Ingram Content Group UK Ltd.
Pitfield, Milton Keynes, MK11 3LW, UK
UKHW021048260726
13994UKWH00005B/2403

DISTRIBUTION

Personnages.		*Acteurs.*
Cassandre.	MM.	LAPLACE.
Pierrot.		KALPESTRI.
Arlequin.		LALUYÉ.
Léandre		MARTIAL.
Le diable.		HONORÉ.
L'Amour.		
Colombine.	Mmes	AMANDA.
La fée Argentine.		MARIETTE.
Une marchande.		AUGUSTINE.
Une grisette.		PHROSINE PICCOLO.

Danses. — Mlles Rose, Desterne, Guimard, Piccolo.

Batcleurs.—MM. Honoré, Bardou, Alfred, Hippolyte, Edmond.

Promeneurs, bateleurs, grisettes, etc.

PIERROT

SUPPOT DU DIABLE

PANTOMIME

PAR

M. Alex. PRIVAT D'ANGLEMONT

Musique de M. Ach. Launoys, mise en scène et ballet de M. Scio, décors de M. Derchy, costumes de M. Bonneteau et de Mlle Laure Duval.

PARIS
TYPOGRAPHIE DE J. FREY
33, rue Croix-des-Petits-Champs

1847

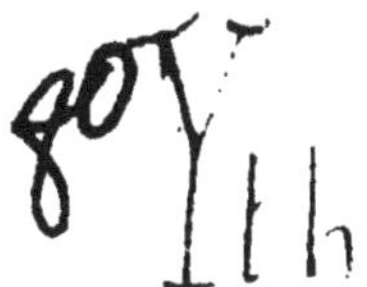

AF455000